¡Hora de volcar!

MARAVILLAS VEHÍCULOS 16

CAMIONES VOLQUETE

AARON FRISCH

CREATIVE EDUCATION | CREATIVE PAPERBACKS

¿ALGUIEN PIDIÓ ROCAS?

índice

Publicado por Creative Education y Creative Paperbacks
P.O. Box 227, Mankato, Minnesota 56002
Creative Education y Creative Paperbacks
son marcas editoriales de Creative Company
www.thecreativecompany.us

Diseño de Graham Morgan
Dirección de arte de Blue Design (www.bluedes.com)
Traducción de TRAVOD, www.travod.com

Fotografías de Dreamstime (Dmitry Kalinovsky, Ericlefrancais, John Casey, Kuzma, Sergey Milovidov, Tomo Jesenicnik), Getty (Lester Lefkowitz), iStock, Shutterstock (Alaettin YILDIRIM, Baloncici, dgmata, max blain, Pi-Lens, Robert J. Beyers II), Unsplash (Shane McLendon)

Library of Congress Cataloging-in-Publication Data

Names: Frisch, Aaron, 1975-2013, author.
Title: Camiones volquete / Aaron Frisch.
Other titles: Dump trucks. Spanish
Description: Mankato, Minnesota : Creative Education and Creative Paperbacks, [2025] | Series: Maravillas | Includes index. | Audience: Ages 4-7 | Audience: Grades K-1 | Summary: "An engaging introduction to dump trucks, this beginning reader features eye-catching photographs, humorous captions, and easy-to-read facts about these heavy hauling machines"-- Provided by publisher.
Identifiers: LCCN 2023049111 (print) | LCCN 2023049112 (ebook) | ISBN 9798889890935 (library binding) | ISBN 9781682775165 (paperback) | ISBN 9798889891239 (ebook)
Subjects: LCSH: Dump trucks--Juvenile literature. | CYAC: Dump trucks. | LCGFT: Instructional and educational works.
Classification: LCC TL230.15 F75518 2025 (print) | LCC TL230.15 (ebook) | DDC 629.225--dc23/eng/20231107

Impreso en China

Los camiones volquete son máquinas grandes. Llevan cosas de un lado a otro.

ESTA ES MI PARTE FAVORITA.

Un camión volquete tiene una **caja** grande. El frente de la caja se eleva. La **carga** se vuelca por la parte de atrás.

Un camión volquete se mueve sobre ruedas fuertes. La mayoría de los camiones volquete tienen entre 6 y 10 ruedas.

Los camiones volquete llevan tierra, arena y rocas. Llevan basura y escombros también.

PUEDO TRANSPORTARLO TODO.

ES COMO SUBIRSE A UN GIGANTE.

Los camiones volquete vienen en muchos tamaños. ¡Pueden ser tan grandes como una casa!

Las excavadoras y otras máquinas grandes llenan los camiones volquete. Los camiones se llevan la carga y la vuelcan.

¡PROBANDO!
CARGA MÁS RÁPIDO.

¡AÚN TENGO UNA CARGA MÁS!

¡Terminamos de volcar!

[Imagina un camión volquete]

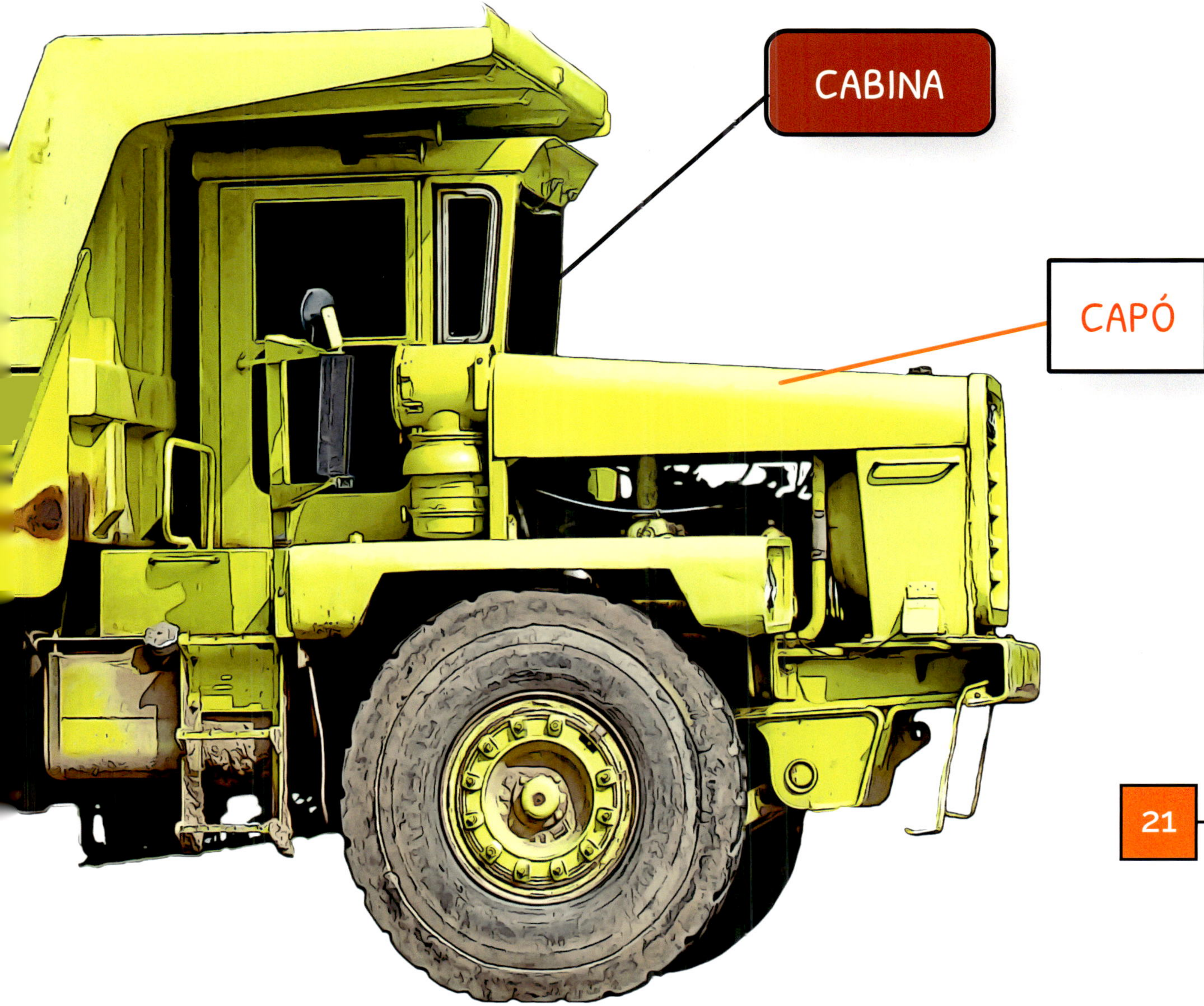
CABINA
CAPÓ

PALABRAS QUE DEBES CONOCER

caja: la parte del camión que se usa para llevar cosas

carga: las cosas que lleva un camión u otro vehículo

escombros: piezas de construcciones rotas

excavadora: una máquina grande que cava hoyos

ÍNDICE ALFABÉTICO